Kristina Andres, geboren 1971 in Greifswald, wuchs in Mecklenburg auf, wo sie auch heute wieder lebt. Sie studierte zunächst Kunstgeschichte und Literatur in Hamburg und wechselte dann an die dortige Hochschule für bildende Künste. Seit 2002 ist sie als freischaffende Künstlerin tätig. Ihre Kinderbücher erscheinen bei zahlreichen Verlagen. www.kristinaandres.com

Bereits erschienen:
Nun schlaft mal schön! Elfeinhalb Gutenachtgeschichten von Fuchs und Hase

Die Autorin dankt dem Kultusministerium des Landes Mecklenburg-Vorpommern, das die Arbeit am vorliegenden Text mit einem Arbeitsstipendium unterstützt hat.

1. Auflage, 2017
© 2017 Moritz Verlag, Frankfurt am Main
Alle Rechte vorbehalten
Druck: Theiss, St. Stefan
Printed in Austria
ISBN 978 3 89565 351 3
www.moritzverlag.de

Kristina Andres

Donnerwetter, sagte Fuchs

Vorlesegeschichten
von Fuchs und Hase

*Mit Illustrationen
der Autorin*

Moritz Verlag
Frankfurt am Main

Erste Geschichte

Eines Tages saß Hase am Tisch und es gab ein großes Geräusch. Hase guckte auf seinen Bauch und erschrak fürchterlich.

»Fuchs! Ich habe ein ganz schlimmes Grummeln in mir drin!«, wimmerte er.

Fuchs legte ein Ohr auf Hases Bauch.

»Oh Hase!«, flüsterte er. »Es ist ein Unwetter. Das müssen wir sofort aus dir herauskriegen!«

Fuchs trug Hase nach draußen vor die Tür und schüttelte ihn, den Kopf nach unten, ordentlich aus. Er fasste ihn auch an den Füßen und schwang ihn im Kreis. Es half nichts. Das Unwetter grummelte weiter in Hase herum.

Fuchs telefonierte mit Oma Elefant.

»Oma Elefant sagt, Unwetter kann man im Bauch haben, wenn man etwas Schlechtes gegessen hat.«

Hase schüttelte den Kopf und sank um. Er hatte gar nichts gegessen.

Fuchs rief wieder bei Oma Elefant an.

»Oma Elefant sagt, das schlimmste Unwetter im Bauch kommt, wenn man nichts gegessen hat. In einem leeren Bauch kann sich ein Unwetter gut ausbreiten, weil es so viel Platz hat.« Er hielt den Hörer weiter ans Ohr. »Man muss es vertreiben. Am besten mit viel Käsekuchen oder mit Bratkäse und Apfel-Möhren-Brause, sagt Oma Elefant. Und sie sagt auch, dass der Rummel da ist und die Zuckerwattebude!«

Elefant kam mit einer großen Schüssel Erdbeeren um die Ecke.
»Frag seine Oma, ob Erdbeeren auch gehen!«, hauchte Hase.

Fuchs rief noch einmal bei Oma Elefant an. Fragte. Lauschte. Und nickte. Oma Elefant war die Allerbeste.

»Oh ja!«, flüsterte Hase selig und begann zu essen. Gleich hatte er die halbe Schüssel geleert. Fuchs und Elefant sahen staunend zu, als Hase auch noch die restlichen Erdbeeren vertilgte.

»Kuchen würde noch helfen!«, stöhnte Hase.

Elefant fuhr zu seiner Oma und holte einen großen frischen Käsekuchen. Hase aß zur Sicherheit das halbe Blech.

Dann fragte er Fuchs: »Wie geht es mir jetzt?«

Fuchs lauschte an Hases Bauch.

»Wir haben es geschafft! Das Unwetter ist weg!«, flüsterte er glücklich.

Hase strahlte wie die Sonne.

Am Nachmittag gingen sie zur Zuckerwattebude. Elefant, Hase und Fuchs. Und Oma Elefant holten sie auch ab.

»Bitte?«, fragte der Verkäufer.

»Vier riesengroße rosa Wolken am Stiel!«, sagte Hase.

Zweite Geschichte

Draußen schien die Sonne. Es war ein so frischer, schöner Frühlingstag, dass Fuchs gleich eine gute Idee hatte.

»Hase, ich gehe jetzt ins Dorf und kaufe etwas Feines!«

»Aber du wolltest doch sparen!«, wandte Hase leise ein.

»Das werde ich. Ich nehme nämlich das Geld aus meiner Spardose«, erwiderte Fuchs schlau.

Hase fand das eine prima Idee.

»Ich komme mit!«, sagte er. »Dann sparen wir gemeinsam. Du und ich!«

Das Popcorn zum Selbermachen war im Angebot. Richtiger Knallmais. Fuchs und Hase kauften alles, was da war, und sparten ungeheuerlich viel, trotzdem war das Geld alle. Der Kaufmann lieh ihnen seinen Ziehwagen, damit sie die vielen Tüten nach Hause bekamen. Und überhaupt: Die Sonne schien. Es war ein Prachttag.

»Jetzt machen wir so viel Popcorn, wie wir wollen!«, verkündete Fuchs.

»Damit sich das Sparen auch gelohnt hat!«, meinte Hase zuversichtlich.

Sie kramten ihre Töpfe aus dem Schrank und kippten ordentlich Öl hinein. Fröhlich füllten sie alle vier Töpfe bis zum Rand mit Knallmais. Die Körner waren rund und klein wie Perlen. Allerdings hatte der Kaufmann gesagt, dass sie nur wenig Öl und nur ein ganz bisschen Knallmais in den Topf tun sollten. In einen Topf, nicht in vier.

Hase schaltete die Flammen ein.

Eine Weile passierte gar nichts. Dann begann das Knallen. Es knallte und puffte.

»Fuchs!«, flüsterte Hase. »Auf den Schrank. Schnell!«

12

Sie machten, dass sie auf den Schrank kamen, während auf dem Herd das reinste Unwetter losbrach. Die Deckel flogen von den Töpfen. Unaufhörlich quoll Popcorn heraus.

»Eine Wolke!«, schrie Hase. »Fuchs, wir haben eine Wolke gemacht!«

»Und sie hört nicht auf!«, rief Fuchs zurück. »Das kauf ich nie wieder!«

Die Wolke wuchs bis in die Stube hinein und zum Fenster hinaus. Irgendwie schafften es Fuchs und Hase, den Herd abzuschalten.

Dann staunten sie darüber, wie viel sie gespart hatten. Einen Ziehwagen voller Knallmais hatten sie gekauft und dafür ein ganzes Haus voller Popcorn bekommen.

Elefant kam mit seinem Fahrrad. Er wollte Fuchs und Hase zum Feuerwehrfest abholen.

»Das hättet ihr euch sparen können!«, sagte er und schüttelte den Kopf über das, was Fuchs und Hase da angestellt hatten.

»Haben wir doch!«, gab Fuchs trotzig zurück.

Aber dann hatte Elefant eine Idee. Sie knoteten den Ziehwagen ans Fahrrad und nahmen eine Schaufel mit. Dann verkauften sie das Popcorn auf dem Feuerwehrfest. Eine Schaufel Popcorn für eine Münze. Das war nicht viel Geld, ein richtiger Sparpreis. Die Leute kamen und kauften, was das Zeug hielt. Elefant musste hin und her fahren und immer neue Wagen voll herbeischaffen.

Fuchs und Hases Spardosen quollen über. Und Elefants auch. Die hatte er nämlich schnell geholt. Am Ende war das ganze Popcorn alle und das Haus leer. Sie hatten die Spardosen voll und noch einen großen Eimer Münzen dazu.

Der Kaufmann kam und schüttelte den Kopf.

Elefanten sind nicht dumm, dachte er. Kein bisschen.

Dritte Geschichte

An einem schönen Tag, als es so richtig warm war, saßen Fuchs und Hase am Rand der Beete. Über den Gurkenranken, an denen Blüten wie gelbe Sterne wuchsen, gondelte ein Schmetterling.

»Oh!«, staunte Hase. »Der Schmetterling hat eine Gurke gemacht!«

»Und noch eine!«, rief Fuchs bewundernd. Zum Schmetterling meinte er: »Herzlichen Glückwunsch!«

Aber dann flüsterten sie lieber, denn das Gurkenmachen schien ihnen eine schwere Aufgabe und sie wollten den Schmetterling nicht stören. Schließlich sollten die Gurken gut werden.

Den ganzen Sommer lang gossen sie das Beet. Damit die Gurken schön wuchsen.

Das klappte auch. Bald ernteten sie jeden Tag einen Eimer voll. Sie aßen so viel davon, dass sie sich schon ganz grün fühlten.

»Fuchs, so geht es nicht weiter!«, sagte Hase. Keiner konnte immerzu Gurken essen.

»Wir verschenken sie!«, meinte Fuchs großzügig. »Am besten heimlich!«

Sehr früh, dann nämlich, als alle noch schliefen, schlichen sie wie die Räuber ins Dorf und schütteten jeden Tag einen Eimer Gurken vor eine andere Haustür.

Irgendwann war die Gurkenzeit vorbei. Zum Glück.

Eines Morgens, als sie hinauswollten, bekamen sie die Tür nicht auf. Sie stiegen zum Fenster hinaus.

»Oh!«, staunten sie.

Vor ihrer Tür standen: ein Eimer mit Kuchen vom Bäcker, ein Eimer mit Würsten vom Fleischer, ein Eimer mit Schrauben von der Autowerkstatt, ein Eimer Papiergirlanden und Wunderkerzen vom Kaufmann und ein Eimer mit Limonadeflaschen von der Kaufmannsfrau. Ein Eimer Pudding und Sahne vom Milchladen. Ein großer Kürbis vom Gemüseladen. Eine große Packung Taschenlampenbatterien vom Elektrogeschäft. Eine neue Gießkanne von Oma Elefant. Und viele Beutel Glitzershampoo vom Friseur.

Der Schmetterling gondelte vorbei.

»Nächstes Jahr, gleiche Zeit, dasselbe Beet!«, rief Hase ihm nach.

Vierte Geschichte

Die Sonne schien in den Garten von Fuchs und Hase.

»Hase!«, verkündete Fuchs feierlich. »Ich werde einen Winterschlaf anfangen!«

»Oh«, antwortete Hase vorsichtig. »Ich wusste nicht, dass Füchse so etwas tun!«

»Was sie tun oder nicht, kümmert mich nicht!«, behauptete Fuchs und rollte sich unter dem Birnbaum zusammen.

»Aber Fuchs«, wandte Hase leise ein. »Es ist Sommer. Ganz und gar.«

»Ich halte meinen Winterschlaf, wann ich es will! Ein Winterschlaf ist eine große Sache, man muss rechtzeitig damit beginnen!«

Hase legte sich neben Fuchs. Fuchs öffnete ein Auge und blinzelte ihn an.

»Ich helfe dir«, flüsterte Hase.

Es war ein stiller Sommertag, warm und ohne Wind. Die Geräusche vom Badesee drangen bis zu ihnen in den Garten. Gelächter und Platschen und fröhliches Kreischen, wenn einer von der Brücke ins Wasser hüpfte.

»Das war Elefant«, flüsterte Hase. Niemand sonst brachte solche Donnerplatscher fertig.

»Und die Eisbude hat offen«, murmelte Fuchs.

»Himbeer und Vanille. Mit bunten Krümeln obendrauf«, seufzte Hase.

Fuchs sprang auf, rannte ins Haus und kehrte mit seiner Spardose zurück. Er schüttete die Münzen ins Gras.

»Eis ist wichtig für alle, die im Sommer Winterschlaf halten!«, erklärte er. »Wenn es schon draußen vor lauter Sommer keinen Winter gibt, dann können wir uns welchen in den Bauch füllen!«

Hase verstand, flitzte ins Haus und zurück und leerte den klimpernden Inhalt seiner Spardose ins Gras.

»Wie viel Winter können wir uns davon kaufen?«, fragte er gespannt.

Fuchs zählte und stapelte die Münzen zu kleinen Türmen. Einen für jede Kugel Eis.

»Fünf Kugeln. Für jeden!«

»Juhu! Da werden wir uns aber ordentlich auf den Winterschlaf vorbereiten!«, rief Hase.

»Genau!«, meinte Fuchs.

Sie schütteten das Geld in ihre Badetasche, stopften die Handtücher dazu und sausten los in Richtung Strand.

Fünfte Geschichte

»Immer ist Winter nur im Winter, nie im Sommer«, maulte Hase herum.

»Ja, das ist ungerecht«, stimmte Fuchs ihm zu.

»Aber weißt du, was am ungerechtesten ist?«, fuhr Hase fort. »Am ungerechtesten ist, dass man Winterfell nur im Winter hat und Sommerfell nur im Sommer. Ich hätte gern *jetzt* Winterfell.«

»Aber draußen ist es ganz warm!«, wandte Fuchs vorsichtig ein.

»Wenn ich es aber so will?«, setzte Hase dagegen.

Fuchs dachte nach. »Du brauchst einen Ort, wo im Sommer Winter ist. Dort musst du hin.«

»Aber es darf nicht so weit weg sein, sonst bekomme ich doch schreckliche Sehnsucht nach dir!«, rief Hase.

Da hatte Fuchs schon eine Idee: »Der Kühlschrank! Im Kühlschrank ist das ganze Jahr über Winter. Wenn du willst, dass dir ein Winterfell wächst, musst du da hinein.« Und dann fiel ihm noch ein: »Dabei kannst du gleich aufräumen.«

Hase stieg eine Woche lang jeden Tag für eine halbe Stunde in den Kühlschrank und vergaß das Aufräumen. Das Winterfell ließ auf sich warten, dafür wuchs ihm ein Schnupfen.

Der Schnupfen dauerte sieben Tage, dann konnte Hase wieder aufstehen.

Er trat vor die Tür. Draußen war es nicht mehr warm, sondern heiß bei über dreißig Grad. Fuchs kam aus dem Garten und freute sich für Hase, als er ihn da so sah.

»Donnerwetter«, sagte Fuchs.

Winterfell! Wer hätte das gedacht?

»Zum Friseur! Los!«, stöhnte Hase.

Sechste Geschichte

Elefant kam zu Besuch. Weil es ein Tag voller grauer Wolken war und Elefant die gleiche graue Farbe hatte, sahen sie ihn fast nicht, als er zur Gartenpforte hereinschritt.

»Wir müssen die Wolken vertreiben«, überlegte Hase.

»Soll ich sie mal so richtig anbrüllen?«, schlug Fuchs vor.

Hase war sich nicht sicher.

»Die Sonne herbeisingen«, meinte er. »Das wäre besser!«

»Das übernehme ich!«, erklärte Elefant. Er legte sofort los. Durch den Rüssel und immer nach oben weg.

Es klang schrecklich. Zwei Birnen fielen vom Baum.

»Gleich fällt bestimmt auch noch die Sonne vom Himmel!«, flüsterte Hase besorgt in Fuchsens Ohr.

»Vielleicht stürzt sie dann in unseren Garten?!«, freute sich Fuchs. »Hierher, unter den Birnbaum?«

Hase riss entsetzt die Augen auf. »Und wenn sie dabei kaputtgeht? Und das schöne Licht herausfällt?!«

Fuchs sah ein, dass Hase recht hatte.

»Wir tragen das Bett unter den Baum. Damit fangen wir die Sonne auf. Sicher ist sicher.«

Sie ließen Elefant, wo er war, und holten das Bett.

Elefant sang und sang. Durch den Rüssel nach oben weg.

Die Wolken zogen nicht ab. Die Sonne fiel nicht vom Himmel. Dafür verschwand Elefants Stimme. Erst wurde sie ganz kratzig und fusselig, dann bekam Elefant keinen Ton mehr heraus. Der Birnbaum atmete auf.

»Elefant, lass es gut sein! Komm lieber zu uns ins Bett«, schlug Hase vor.

Im Bett war es so warm, dass sie die Sonne gar nicht mehr brauchten. Känguru kam mit Honigbroten für alle und einem dicken Buch über Bienen. Und der Birnbaum wollte, dass sie immerzu daraus vorlasen.

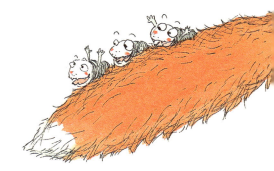

Siebte Geschichte

Eine zornige Wolke stand am Himmel.

»Die sieht aber grimmig aus«, meinte Hase. »Ich werde mal mit ihr reden!«

Er ließ die Wolke zum Fenster herein und redete besänftigend auf sie ein.

Die Wolke blitzte und donnerte herum und regnete den Tisch voll. Regnete und regnete, und dann, auf einmal, war sie weg, einfach verschwunden. Nichts blieb von ihr übrig – außer einer riesigen Pfütze.

»Sie hat mir nicht zugehört«, sagte Hase niedergeschlagen.

Fuchs fand, mit solchen Wolken sollte man ganz anders reden. Als sie im Dorf waren und wieder eine vorbeikam, zeigte er Hase, wie.

»Blöde Wolke!«, rief Fuchs. Und die Flöhe auf seinem Schweif krähten: »Blöde Wolke! Blöde Wolke! Blöde Wolke!«

Da rollte die Wolke mit Blitz und Donner auf sie zu. Fuchs und Hase rannten los. Die Wolke brauste grollend hinter ihnen her.

Oma Wolf kam gerade vom Friseur, Fell und Ohren frisch geföhnt. Fuchs und Hase hetzten ganz dicht vorbei und traten ihr auf die Lackschuhe. Erst Fuchs, dann Hase. Sie hatten im Augenblick einfach keine Zeit, sich vor ihr zu fürchten. Oma Wolf fluchte schlimme Wörter. Sie schwang ihren Schirm – und spießte die Wolke auf. Ein dicker Blitz schlug in die Schirmspitze. Oma Wolf stand das Fell nach allen Seiten ab. Ihr Goldzahn sprühte Funken. Einen Moment lang wusste sie nicht so recht, wo oben und wo unten war und was sie eigentlich heute tun wollte. Genau, zum Friseur. Sie stand ja schon vor der Tür. Sie drehte sich um und ging hinein.

Achte Geschichte

Einmal, als das Wetter schön war, wollten Fuchs, Hase, Känguru und Elefant wieder eine Abenteuernacht machen, dieses Mal am Badesee. Fische angeln und die Fische am Spieß überm Feuer braten. So ein richtiges Feuer sollte es werden, kein Indianerfeuer mit nur ein bisschen Glut!

Die Fische sprangen ganz in Ufernähe im Wasser umher. Sie schienen sehr interessiert.

»Gleich dürft ihr euch unser Feuer näher ansehen!«, meinte Fuchs zu ihnen. Er hatte ein paar dünne Zweige aufgeschichtet und zündete sie mit einem Streichholz an. Das Feuer brannte lustig auf.

Hase, Fuchs, Känguru und Elefant aßen ihre Stullen. Sie hatten Hunger – aber später würde es ja noch Bratfische geben.

»Bist du auch hungrig?«, fragte Fuchs das Feuer.

Das Feuer knisterte herum.

»Soll ich dich füttern?« Fuchs gab dem Feuer sein Butterbrotpapier.

Das Feuer mochte das Papier gern und hatte es im Nu verschlungen.

»Es mag vielleicht noch ein wenig Holz?«, schlug Hase vor und legte ein paar größere Äste hinein.

Dem Feuer gefielen die Äste. Und wie!

»Es schmeckt ihm!«, stellte Känguru fest.

»Ja, und es wächst!«, rief Fuchs begeistert. »Los, wir füttern das Feuer, damit es groß und stark wird!« Er warf eine ordentliche Portion trockene Blätter in die Flammen. Das Feuer brauste auf.

Juhu!

Es verschlang den Käse, der neben der Feuerstelle lag und den sie erst später hatten braten wollen. Es knusperte Elefants linke Socke weg, die auf einem Stein neben dem Feuer trocknete. Als Nächstes fraß es die Angel, die Känguru aus Stock und Bindfaden gebaut hatte. Die Fische guckten neugierig aus dem Wasser. Der Wald rauschte sorgenvoll auf. Die Sterne erbleichten und auch der Mond wurde ganz blass.

»Nun hat es so viel trockenes Zeug gegessen, es muss etwas trinken!«, meinte Hase.

Elefant griff gleich den Eimer, der eigentlich für die Bratfische gedacht war, und tauchte ihn in den See.

»Mach ihn bis obenhin voll!«, riet Fuchs. »Es hat bestimmt großen Durst!«

Elefant füllte den Eimer bis zum Rand. Und seinen Rüssel gleich mit.

»Jetzt kriegst du was Schönes«, versprach Fuchs dem Feuer.

Elefant leerte den Eimer ins Feuer. Und den Rüssel hinterher.

Es gab einen großen Zisch und noch größeren Dampf – und das Feuer war weg.

Die Fische im See kicherten.

»Was wisst ihr schon vom Durst!«, sagte Fuchs finster in die Dunkelheit.

Dann gingen sie mit der Taschenlampe nach Hause.

Neunte Geschichte

Es war heiß und trocken. Seit Tagen fehlte der Regen. Die Blumen ließen die Köpfe hängen, und Hase meinte, ihr leises Klagen zu vernehmen.

»Fuchs, lass uns gehen und für die Blumen eine Regenwolke fangen«, sagte er.

»Wie denn?«, fragte Fuchs.

»So, wie die Cowboys Kühe fangen. Mit einem Lasso!«, meinte Hase.

Ein solch langes Seil hatten sie nicht, aber einen Gartenschlauch. Er war alt und gelb und roch nach morschen Zähnen.

»Haltet durch!«, rief Hase den Blumen zum Abschied zu. »Wir retten euch!«

Sie packten den Schlauch und zogen los und hatten ihre Brauseflaschen in der heißen Sonne vergessen.

Sie liefen über alle Hügel und durch drei Wälder hindurch. Um den vierten Wald mussten sie ganz und gar herum, denn die Bäume darin wuchsen dick und knorrig, und der Waldboden schien so düster, dass sie sich fürchteten. Den ganzen Tag verbrachten sie auf Wolkenjagd. Aber sie fanden nicht eine Wolke, die sie hätten fangen können. Völlig ermattet und elend vor Durst kamen sie in der Dämmerung nach Hause.

Im Garten stand Elefant. Auf dem Tisch wartete ein Krug kühle Apfel-Möhren-Brause.

»Das ist genau, was ich suche!«, rief Elefant froh, nahm ihnen den Schlauch ab, schraubte ihn an den Wasserhahn und drehte auf. Über Blumen und Birnbaum rauschte das Wasser. Es rauschte und rauschte und roch nach Regen.

»Den haben wir extra geholt!«, murmelte Hase und goss sich ein viertes Glas ein.

Zehnte Geschichte

Fuchs hatte einen wilden Tag.

»Ich bin ein Wirbelwind!«, rief er.

Er drehte und wirbelte nur so im Haus herum, dass die Socken in alle Ecken flogen.

Hase wollte noch viel wilder sein als Fuchs.

»Ich bin ein Tornado!«

Er drehte und wirbelte durchs Haus, noch schneller und verdrehter als der Wirbelwind vor ihm, und die Socken flogen hoch und blieben an der Lampe und auf dem Schrank hängen.

»Ein Monstersturm bin ich!«, schrie Fuchs und drehte durch. Die Schranktüren flogen auf, die Kühlschranktür auch. Die Lampe schwang.

Hase stürmte, was er konnte, dagegen an.

Fuchs stürmte an ihm vorbei und zur Tür hinaus.

Hase lugte ihm hinterher.

»Fuchs?«, fragte er leise und ein wenig erschrocken.

»Hase?«, kam es etwas furchtsam von hinter dem Busch. »Ich komm jetzt wieder rein.«

Sie kletterten in den Sessel und schauten sich lieber einen Film über Regenwürmer an.

Elfte Geschichte

»Ob Wasser herauskommt, wenn man in eine Wolke beißt?«, fragte sich Fuchs.

Hase wusste es nicht.

»Kann man denn überhaupt in eine Wolke beißen?«, wunderte er sich.

»Wir suchen uns eine und probieren es aus!«, meinte Fuchs.

Über dem Hügel hing eine Wolke. Die wollten sie nehmen. Zur Sicherheit packten sie noch Stullen ein.

Oben waberte die Wolke um sie herum. Sie bissen ordentlich hinein. Es kam kein Wasser heraus.

»Von so einer Wolke wird ja keiner satt! Wir nehmen unsere Stullen!«, entschied Fuchs.

»Wir essen die Wolke einfach mit!«, kicherte Hase. »Wir sitzen ja in ihr drin! Wenn wir in unsere Stullen beißen, beißen wir auch in die Wolke!«

Auf dem großen Feldstein saß es sich fabelhaft. Sie raschelten mit ihrem Butterbrotpapier.

»Guten Appetit, Hase!«, wünschte Fuchs.

»Noch besseren Appetit, Fuchs!«, wünschte Hase zurück.

Dann aßen sie los.

Pastor Kohlmeise kam um den Hügel geschlendert.

»Na, Kinder. Schmeckt es? Was esst ihr denn Schönes?«

»Stulle mit Wolke!«, rief Fuchs mit vollen Backen.

»Schmeckt himmlisch!«, gab Hase bekannt.

Pastor Kohlmeise ging weiter und machte ein strenges Gesicht.

Zwölfte Geschichte

Mitten im Weg lag eine Pfütze, immer an derselben Stelle. Im Frühjahr, im Herbst und im Winter. Sie war groß wie ein See – jedenfalls kam es Fuchs und Hase so vor. Im Sommer wurde sie kleiner und kleiner und verschwand für einige Zeit. Jetzt aber war Herbst. Drum herumlaufen ging nicht, denn links und rechts erhob sich der Weidezaun.

»Die Pfütze muss weg!«, meinte Fuchs. »Am besten, sie wäre leer! Dann könnten wir nämlich hindurchlaufen und behielten trockene Füße!«

Durch die Pfütze hindurchzulaufen, war im Sommer ganz schön. Aber nun, in der kalten Jahreszeit, konnte es passieren, dass zuerst die Füße nass wurden, die Nässe von den Füßen in die Nase stieg und dort oben wieder herauslief, eine Woche lang. Und manchmal kriegte man dann noch Fieber.

Wie bekamen sie aber nun die Pfütze leer?

»Mit einem Eimer!«, schlug Hase vor.

Also holten sie ihren Eimer und füllten ihn. Nur wohin mit einer Pfütze, die man nicht braucht?

»Wir kippen sie an eine Stelle, wo sie nicht stört!«, rief Fuchs.

»Wir schenken sie dem großen Feldstein auf dem Hügel!«, fiel es Hase ein.

Sie zerrten den vollen schweren Eimer die lange Strecke bis auf den Hügel und leerten ihn dort aus. Das war anstrengend und dauerte, und eigentlich war es schon fast dunkel. Aber sie wollten ihre Arbeit gut machen und schleppten sich auch noch mit einem zweiten Eimer ab.

Inzwischen war der Wolf in der Lederjacke hinter dem Stein auf Lauer gegangen. Sie sahen ihn nicht, und er sah sie nicht, denn er lauerte in die andere Richtung und hatte Stöpsel in den Ohren, aus denen seine Lieblingsdonnermusik quoll.

Fuchs und Hase kippten den zweiten Eimer hinter den Stein.

»Das soll wohl lustig sein?!«, drohte es von dahinter.

Sie machten, dass sie wegkamen. Zum Glück war es ganz finster, und nicht einmal ein Stein hätte sehen können, dass sie es waren. Zu Hause schlugen sie die Tür fest zu und drehten den Schlüssel dreimal rum.

Am nächsten Morgen kam Elefant. Er trug Gummistiefel, nahm den Eimer und stellte ihn, den Boden nach oben, vor der Pfütze ab. Dann stieg er darauf und sprang. Nach fünfmal Springen war die Pfütze erledigt. Sie gingen nach Hause, aßen Kuchen im Bett und feierten das Ende der Pfütze.

In der Nacht begann es zu regnen.

Dreizehnte Geschichte

Die schönen dunklen Tage waren angebrochen, an denen die Leute in den Wald zogen und sich einen Tannenbaum absägten, um ihn ins Haus zu holen und zu schmücken.

Fuchs und Hase gingen in den Kaufmannsladen, in dem es alles gab, und wollten Klebeband kaufen, um ihre selbst gemalten Weihnachtsbilder an der Wand festzumachen.

Hase blieb bei den kleinen Tüten mit den Samenkörnern für den Garten stehen. Gurkensaat, Kürbis, Sonnenblumen, Salat, Klee, Möhren. Kohlrabi, Radieschen, Erbsen und und und …

»Alles!«, flüsterte er. »Einfach alles! Die ganze Welt! Da drin!«

Fuchs bewunderte das Regal mit den Sägen. So viele! Sie hießen Stichsäge oder Bandsäge oder Laubsäge oder sogar Fuchsschwanz.

Oma Wolf kam herein. Hase zog Fuchs schnell hinters Regal.

»Ich brauche einen Fuchsschwanz!«, bellte sie. »Ich will mir einen Baum umsägen!« Sie wühlte in einem kleinen stinkigen Geldbeutel, in dem es klirrte und klimperte. Die Flöhe auf Fuchsens Schweif fiepten entsetzt auf.

»Pssst!«, machte Hase.

Ganz leise schlichen sie aus dem Geschäft.

»Bei Oma Wolf weiß man nie!«, meinte Fuchs.

»Sie wollte sogar bezahlen!«, wunderte sich Hase.

Aber dann kam Pastor Kohlmeise die Straße entlang und betrat den Laden.

»Dicke Luft!«, krähten die Flöhe.

56

Pastor Kohlmeise nahm Oma Wolf den Klingelbeutel ab, den sie in der Kirche geraubt hatte, und sagte etwas von »Pfui!« und »schämen«. Oma Wolf bekam keinen Fuchsschwanz.

Am nächsten Tag war Heiligabend und der Weihnachtsbaum vom Dorfplatz verschwunden. Wer bei Oma Wolf ins Fenster lugte, sah nichts außer grünen Nadeln. Oma Wolf und ihr Enkel verbrachten die Weihnachtstage in der Küche, weil der Baum in der Stube so groß war, dass außer ihm nichts mehr hineinpasste. Und er guckte oben aus dem Schornstein heraus, also konnten sie auch nicht heizen …

Fuchs und Hase saßen gemütlich mit den Geschenken unter ihrem kleinen Baum. Fuchs packte einen Fuchsschwanz aus. Hase hatte sein allerletztes Geld aus der Spardose dafür ausgegeben.

»Damit Oma Wolf ihn nicht abkriegt!«, flüsterte Hase. »Sicher ist sicher!«

Und Hase bekam von Fuchs ein großes Glas, in dem ALLES war, einfach alles. Fuchs war am Morgen zum Kaufmann gelaufen und hatte den gesamten Inhalt seiner Spardose auf den Verkaufstisch geleert, ganz, ganz viele Saattüten gekauft und dazu noch das schöne große Glas.

»Damit du ALLES hast!«, flüsterte Fuchs.